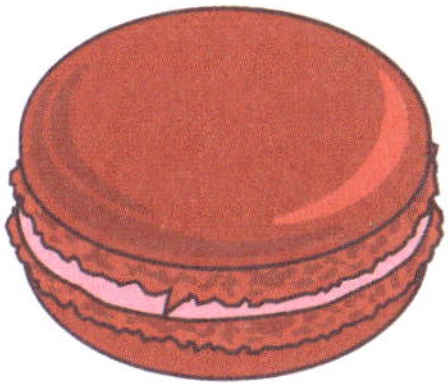

Adquira os outros títulos desta mesma coleção:
Chocolate e Iogurtes

Macarons

· SUMÁRIO ·

* 04 – BREVE GLOSSÁRIO
* 06 – 11 BOAS RAZÕES PARA FAZER MACARON
* 07 – INSTRUÇÕES DE PREPARO
* 10 – COZIMENTO
* 11 – APRESENTAÇÃO
* 13 – RECEITAS INDISPENSÁVEIS

Quem nunca sucumbiu ao encanto destes charmosos docinhos redondos e refinados, coloridos de forma harmoniosa? Esta iguaria, destinada exclusivamente para ocasiões especiais, e reservada também para a hora do chá nos salões requintados, finalmente, se popularizou! Agora, todos podem desfrutar e se divertir ao confeccionar os seus macarons preferidos!

· BREVE GLOSSÁRIO ·

Amaretti: *macaron* italiano tradicional, pode apresentar uma consistência dura ou macia, preparado com amêndoas, açúcar, claras e extrato de amêndoas amargas.

Aromas: licor, água de flores (de rosa, de laranjeira, etc.), essência (de baunilha, de café, de violeta, etc.), cacau em pó, qualquer sabor que personalize o preparo da massa.

Clara em neve: termo utilizado para caracterizar a clara (separada da gema) suficientemente batida (com um batedor de claras ou uma batedeira) até atingir uma consistência firme em ponto de neve, ou seja, até formar picos.

Colocação da massa na forma: usando um saco de confeitar, disponha o preparo em pequenas porções arredondadas, regulares e espaçadas umas das outras sobre uma forma (tipo tabuleiro) forrada com papel-manteiga.

Corantes alimentícios artificiais e naturais: os líquidos são vendidos em frascos e algumas gotas são o suficiente; em pó, adicionam-se alguns gramas (uma pitada) na mistura feita de amêndoas com açúcar de confeiteiro. Alguns ingredientes naturais são excelentes corantes (chá, cúrcuma, matcha, cacau, colorau, páprica, etc.).

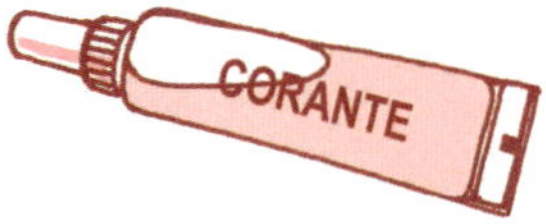

Creme amanteigado: creme à base de manteiga batida com gemas, açúcar e leite, ou creme de leite, com uma consistência de pomada.

Creme de confeiteiro: creme à base de ovos, açúcar e leite, enriquecido com farinha de trigo e cozido para engrossar e ser batido.

Crosta: ou "deixar o *macaron* formar uma crosta". Após depositar a massa dos *macarons* na forma tipo tabuleiro, deixe-a

Macarons

secar por 30 minutos ao ar livre, em local seco, a uma temperatura mediana, antes de assá-los. Em seguida, uma fina crosta se formará na parte externa do *macaron* e dará a consistência crocante, evitando as rachaduras durante o cozimento.

Endurecer as claras: adicione o açúcar às claras batidas em neve para torná-las firmes.

Espátula: de silicone flexível com um cabo de plástico rígido, ou de madeira, para evitar desperdício durante a transferência da massa. Indispensável na cozinha.

Face do *macaron*: metade de um *macaron* recheado com creme chantilly, ganache ou geleia, tapado com uma outra metade, após o cozimento.

Ganache: preparo cremoso à base de chocolate derretido, creme de leite e/ou manteiga e aromas (alguma bebida alcoólica, especiarias, café, frutas, etc.).

Gola ou colarinho rendado: espécie de coroa rendada que se forma durante o cozimento na base do *macaron*, garantia de qualidade, ou seja, sinal de êxito!

***Macaron*:** irmão mais novo do merengue, esta mistura feita com açúcar, clara de ovo e farinha de amêndoa é assada em formato de um círculo de 3 a 5 cm de diâmetro.

Montagem: espalhe a gosto um pouco do recheio, creme de chantilly ou ganache em uma metade de *macaron* e tape com outra metade. Deixe-os repousar por pelo menos um dia antes de servir, para que os sabores se fundam.

Preparo: mistura de ingredientes para a confecção da massa (dos *macarons*), do recheio e/ou do ganache.

Rachaduras: se o *macaron* apresentar fissuras, talvez não tenha dado tempo para a "crosta" se formar, ou seja, pelo menos 30 minutos.

Tigela de inox: recipiente largo com fundo arredondado, de aço inoxidável, alumínio ou latão, usado para misturar os ingredientes na culinária e na panificação.

* * *

11 BOAS RAZÕES PARA FAZER MACARON

01 - **Econômico:** o *macaron* feito em casa é mais barato, comparado aos vendidos nas confeitarias e no comércio especializado.

02 - **Fácil de preparar:** a receita de base é muito simples, qualquer pessoa pode prepará-la.

03 - **Praticidade:** a receita do *macaron* indica a utilização de claras; pode-se aproveitar as gemas em uma outra receita (na maionese, no creme inglês, na gemada, no tiramisu, etc.).

04 - **Habilidade culinária:** no início, faça receitas simples de *macarons* antes de começar a confeccionar as receitas mais elaboradas, recheadas com ganache.

05 - **Para todos os gostos:** a receita de base é sempre a mesma, basta apenas separá-la em vários recipientes e deixar agir a criatividade, adicionando os sabores.

06 - **De todas as cores:** algumas gotas de corante alimentício destacam o sabor desejado e alegram a hora do chá.

07 - **Para compartilhar:** algumas fornadas deste biscoito fino garantem um agradável momento de convivialidade.

08 - **Para oferecer como presente:** você acertará sempre, presenteando alguém com algo feito por você, além de, inclusive, arrebanhar admiradores.

09 - **Reaproveitamento:** o que fazer com os *macarons* quebrados ou não tão apresentáveis? Triture-os para fazer um crumble ou guarneça damascos secos e pêssegos, acrescentando lascas de amêndoas grelhadas.

10 - **Variação:** quando conseguir preparar os seus *macarons*, ouse e vá adiante: surpreenda os seus convidados com um *crème brûlée*, um sorvete com *macaron,* ou uma charlotte de morangos com *macaron*.

11 - **Versão aperitivo:** prepare *macarons* doces com guarnição salgada, recheando-os com foie gras, salmão, tarama, queijo, fiambres fatiados, fatias de legumes crocantes, especiarias, chantilly, chutney, etc.

· INSTRUÇÕES DE PREPARO ·

A BASE
A base do preparo se resume a três ingredientes: a farinha de amêndoa, o açúcar e as claras.

A farinha de amêndoa
Ela deve ser fresca, portanto, mais gordurosa, para o *macaron* ficar mais macio. As amêndoas devem ser finamente moídas: a textura da massa, quando preparada com o açúcar de confeiteiro, resultará em *macarons* finos. Junte a farinha de amêndoa com o açúcar de confeiteiro e misture bem, antes de peneirá-los.

O açúcar
Alguns açúcares de confeiteiro contêm amido, que ajuda a homogeneizar e a proporcionar a consistência adequada ao preparo. Prefira portanto, o açúcar de confeiteiro para *macarons* lisos e o açúcar cristal, ou açúcar mascavo, para *macarons* granulados. Adicione o açúcar cristal nas claras batidas em ponto de neve.

As claras
Elas não devem ser muito frescas, e atingirão melhor o ponto de neve se já forem de alguns dias. Separe as gemas das claras algumas horas antes do uso, cubra-as com um filme plástico e deixe-as em temperatura ambiente.
Bata sempre as claras em neve antes de adicionar o açúcar: caso contrário, não atingem este ponto!

> ☛ Precaução
> Não bata demais a farinha de amêndoa com o açúcar de confeiteiro para não aquecer os grãos de amêndoa triturados, fazendo com que ela perca a sua parcela de gordura (que contribui na aderência da massa).

☛ **Recomendação:** prefira os corantes comercializados em lojas especializadas, pois eles resistem ao cozimento.

UTENSÍLIOS

Uma balança elétrica de cozinha: ser exato nas medidas garante um bom resultado.

Várias tigelas: para dividir a massa e matizá-la com várias cores.

Uma batedeira: para bater e misturar bem os ingredientes, sem se cansar, e de forma prazerosa.

Macarons

Uma peneira: a farinha de amêndoa e o açúcar devem ser peneirados para se obter uma massa fina, garantia de *macarons* bem-sucedidos. Escolha uma peneira com uma malha bem fina, para evitar que se formem aglomerados de partículas enquanto realiza a mistura.

Um batedor de claras elétrico: indispensável para bater as claras em neve com mais facilidade.

Uma espátula de silicone *(nunca de metal)*: para misturar delicadamente e, de forma eficaz, as claras em ponto de neve com os demais ingredientes. Etapa importante para o rendimento e apresentação dos *macarons*.

Um saco de confeiteiro: para despejar a massa durante a confecção dos *macarons*, munido com um bico liso. Acessório indispensável para formar *macarons* arredondados e regulares.

✷ **Recomendação:** na falta de um saco de confeiteiro, usar um saco plástico pequeno para congelar alimentos, cortando um dos cantos quando estiver cheio.

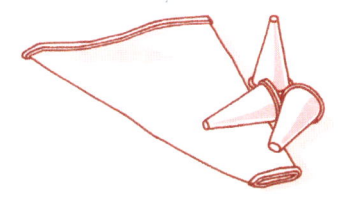

Três formas do tipo tabuleiro, ou placa do forno *(bandeja de resíduos)*: sobrepostas, elas permitem um cozimento mais suave e lento e, sobretudo, evitam que a parte de baixo dos *macarons* queime.

Papel-manteiga: para forrar a forma (ou a assadeira de silicone), pré-desenhado com círculos para depositar a massa do *macaron*.

· COZIMENTO ·

O forno deve ser preaquecido de 140°C a 150°C.

Asse na graduação mediana do forno, coloque uma forma dentro da outra, deposite os *macarons* na forma superior e, ponha uma terceira forma sob as demais, para evitar que os *macarons* fiquem muito corados.

Enquanto assa os *macarons*, deixe o forno entreaberto com uma colher de pau, nos últimos 8 minutos.

O cozimento - fique atento - dura de 8 a 15 minutos.
Não asse demais os *macarons*, pois eles secam rapidamente!

☛ **A saber**
Quando depositar a massa dos *macarons* na forma tipo tabuleiro, coloque-os bem espaçados entre si. Lembre-se que a massa de *macaron* se espalha durante o cozimento e aumenta de tamanho em 30%.

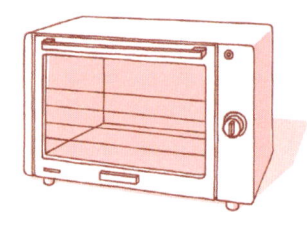

☛**Recomendação:** espere até que os *macarons* tenham arrefecido para descolá-los com uma faca; os biscoitos quentes são frágeis.

APRESENTAÇÃO

CORANTE

Separe uma colher (sopa) de clara de ovo crua (antes de batê-la em ponto de neve), adicione algumas gotas de corante alimentício e junte esta mistura à massa, precisamente antes do cozimento.

> ☛ **A saber**
> Os *macarons* sempre "ficam um pouco pálidos" durante o cozimento. Portanto, adicione corante na massa.

DEPOSITANDO OS MACARONS NA FORMA

Corte um pedaço de papel-manteiga do tamanho da forma tipo tabuleiro. Desenhe, a lápis, círculos de 4 cm de diâmetro, usando um copinho. Cubra com outra folha de papel-manteiga sobre a qual você irá depositar os *macarons*. Se a massa formar "biquinhos" quando os *macarons* forem feitos, pressione esta saliência com o dedo molhado.

MONTAGEM

☛ **Recomendação:** evite espalhar o ganache ou outro tipo de recheio até as bordas do *macaron*, pois, quando você unir as duas partes, poderá transbordá-lo.

Sirva *macarons* bicolores. Nada impede que você monte os *macarons*, unindo uma parte de uma cor e a outra parte de outra diferente em torno de um ganache, ou recheio à sua escolha.

DECORAÇÃO

Após depositar a massa dos *macarons* na forma, divirta-se polvilhando: amêndoas picadas cobertas com açúcar, sementes de gergelim, páprica, pimenta de Espelette, coco ralado, cacau em pó, grão de cumaro, flor de lavanda, pó de ouro comestível, vários sabores possíveis para personalizá-los.

CONTRATEMPOS

Se os *macarons* ficarem achatados: quando as claras em neve forem acrescentadas à massa, cuidado para não quebrá-las. Incorpore-as cuidadosamente sem bater, para manter a textura de espuma do preparo.

Se os *macarons* apresentarem fissuras (se ficarem rachados) ou se fizerem pregas: ou o forno não estava suficientemente aquecido, ou você não deixou a massa do *macaron* "formar uma crosta" pelo menos 30 minutos antes de colocá-la no forno. Este tempo de repouso permitirá que a massa cresça durante o cozimento.

Se, na hora de retirar os *macarons* da forma, um pouco de massa ficar colada no papel-manteiga, é sinal de tempo de cozimento muito curto.

CONSERVAÇÃO

Os *macarons* ficam melhores sempre no dia seguinte: cubra-os com filme plástico, para que os aromas se fixem na massa.

A massa (as metades) do *macaron*, depois de assada, se conserva por uma semana; pode ser congelada e descongelada à temperatura ambiente, algumas horas antes do uso.

Os *macarons* se conservam bem por uma semana, quando corretamente armazenados (um ao lado do outro) em um recipiente hermético e guardado na geladeira.

☛ **Recomedação:** retire o *macaron* da geladeira, uma hora antes de servi-lo.

Os *macarons* podem ser congelados e descongelados à temperatura ambiente, uma hora antes de servir.

· RECEITAS INDISPENSÁVEIS ·

RECEITA DE BASE DA MASSA

PARA 40 BISCOITINHOS (20 MACARONS) - PREPARO: 20 MINUTOS - DESCANSO: 30 MINUTOS - COZIMENTO: 15 MINUTOS
125g de farinha de amêndoa, 200g de açúcar de confeiteiro, 3 claras, 40g de açúcar cristal

Preaqueça o forno a 150°C - 160°C. Peneire a farinha de amêndoa e o açúcar de confeiteiro, bata para misturá-los bem. Bata as claras em ponto de neve.

✶ **Recomendação:** se você não deixou os ovos fora da geladeira com certa antecedência (por alguns dias, na temperatura ambiente), amorne levemente as claras por 10 segundos no forno de micro-ondas.

Assim que as claras começarem a ficar firmes (quando batê-las), adicione o açúcar cristal sem parar de bater. Misture delicadamente o preparo feito com a farinha de amêndoa e o açúcar de confeiteiro às claras batidas (em ponto de neve) até que a mistura fique lisa e brilhante. Encha um saco de confeiteiro com a massa e faça bolinhas. Sem mover a ponta do saco de confeitar, a massa se espalha de forma arredondada. Deixe formar uma crosta por, pelo menos, 30 minutos. Asse durante 8 a 15 minutos.

GANACHE

PREPARO: 10 MINUTOS - REPOUSO: 30 MINUTOS - COZIMENTO: 5 MINUTOS

200g chocolate amargo, 200 ml de creme de leite, 10g de manteiga

Ferva o creme de leite e despeje sobre o chocolate picado. Adicione a manteiga. Mexa bem para derreter o chocolate e obter uma mistura lisa e brilhante. Deixe esfriar até atingir a temperatura ambiente, antes de levar à geladeira.

➻ **Opcional:** adicione uma colher (chá) de Grand-Marnier, rum ou uísque, para aromatizar o ganache.

CREME DE CONFEITEIRO COM BAUNILHA

PREPARO: 15 MINUTOS - COZIMENTO: 15 MINUTOS - REPOUSO: 30 MINUTOS

400 ml de leite, 1/2 fava de baunilha, 2 gemas, 100g de açúcar, 2 colheres (sopa) de amido de milho ou 40g de farinha de trigo, 10g de manteiga

Ferva o leite com a vagem de baunilha partida ao meio. Bata as gemas com o açúcar até que a mistura fique esbranquiçada. Adicione o amido de milho, ou a farinha de trigo, e misture. Retire a fava de baunilha, e despeje gradativamente o leite quente sobre as gemas, sem parar de bater. Leve ao fogo baixo até engrossar, mexendo sempre. Coe, se necessário, e adicione a manteiga. Deixe esfriar em temperatura ambiente, antes de levar à geladeira.

CHANTILLY

PREPARO: 5 A 10 MINUTOS - REFRIGERAÇÃO: 30 MINUTOS

250 ml de creme de leite, 2 sachês de açúcar de baunilha, ou 2 colheres (sopa) de açúcar de confeiteiro

Bata o creme de leite gelado, incorporando o açúcar (antecipadamente, coloque as tigelas e o batedor de claras na geladeira para que fiquem bem gelados). Quando o creme de leite ficar com a marca do batedor, coloque-o na geladeira.

➡ **Opcional:** se você tiver uma garrafa para chantilly, despeje o creme de leite gelado com o açúcar. Feche e agite para misturar bem antes de inserir o cartucho de gás. Encaixe bem o cartucho, o chantilly estará pronto.

✻ **Recomendação:** não adoce o creme de leite, e obtenha um creme chantilly neutro para rechear os *macarons* salgados.

AMARETTI (MACARON TRADICIONAL)

PARA 35 A 40 MACARONS - PREPARO: 10 MINUTOS - COZIMENTO: 15 MINUTOS

125g de farinha de amêndoa, 2 claras, 120g de açúcar de confeiteiro, 1 colher (chá) de essência de amêndoas amargas, ou 1 colher (sopa) de amareto.

Misture a farinha de amêndoa e o açúcar, adicione delicadamente as claras batidas em ponto de neve, e a essência de amêndoas amargas. Disponha pequenas porções da massa em uma assadeira (tipo tabuleiro) forrada com papel-manteiga, leve ao forno por 15 minutos a 160°C. Polvilhe com açúcar de confeiteiro.

cozinha magnética

Idealização: Alexandre Nicolas, Aurélie Rouquette, Laure Sirieix
Texto: Laure Sirieix
Direção artística & realização: Alexandre Nicolas, Aurélie Rouquette
Direção: Catherine Saunier-Talec
Direção editorial: Pierre-Jean Furet
Edição: Anne Vallet

2011 Hachette Livro (Hachette Pratique).
Todos os direitos de reprodução, adaptação e reprodução total ou parcial, para qualquer finalidade, por qualquer meio, são reservados a todos os países. Para o editor, segue-se o princípio de utilizar papéis feitos com fibras naturais, renováveis, recicláveis e provenientes de madeira de florestas que adotem um sistema de gestão sustentável. Além disso, a editora espera que seus fornecedores de papel estejam inscritos no processo de certificação ambiental reconhecida.

Cook♥Lovers

Edição Brasileira: © Editora Boccato (Gourmet Brasil) / CookLovers
Rua dos Italianos, 845 – Bom Retiro – 01131-000 – São Paulo – SP – Brasil
(11) 3846-5141
www.boccato.com.br / www.cooklovers.com.br / contato@boccato.com.br
Edição: André Boccato
Coordenação Editorial: Rodrigo Costa
Coordenação Administrativa: Maria Aparecida C. Ramos / Patrícia Rodrigues
Tradução: Márcia Francener
Adaptação das Receitas: Aline Maria Terrassi Leitão / Daniel Borges
Revisão: Maria Paula Carvalho Bonilha
Coordenação de Produção: Arturo Kleque Gomes Neto
Diagramação: Liliana Fusco Hemzo

ISBN: 978-85-62247-74-3
Impresso na China por Leo Paper